트리즈 독서토론
| 문학편 2 |

트리즈 독서토론

— 문학편 2

인선주 지음

고요아침

〈Flowers in my mind 강영희〉

추천의 글

TRIZ, 한마디로 말하면 고정관념을 넘어 새롭고 폭넓은 생각을 열어가는 과정에서 갈등이나 문제를 해결해가는 것이라고 할 수 있다. 이런 과정을 재미있는 TRIZ 카드를 통해 열어갈 수 있도록 하였으니, 이를 접한 어린이들의 밝고 환한, 행복한 얼굴이 연상된다.

오국진 박사 – 전 경복초등학교 교장

노력하는 모습과 앞으로 나가는 것만큼 빛나는 것은 없습니다. 그래서 황보 현 선생님은 항상 빛나는가 봅니다. 트리즈가 수 많은 기술자들의 삶을 행복하게 만들었고, 비즈니스 트리즈는 많은 사람들의 삶을 풍요하게 만들었습니다.

김익철 교수 – 〈트리즈의 사상과 방법 지혜로움의 비밀〉의 저자

가끔 마음이 복잡해질 때 트리즈 카드를 가지고 논다. 마음의 문제를 보고 갈등의 요소를 정리한다. 그리고 트리즈 카드를 한 장 한 장 넘기면서 답을 떠올린다. 전에 생각했던 습관이 아닌 다른 생각을 하고 있는 나를 발견할 수 있다. 트리즈는 나를 성장시킨 신비한 도구이다. 내 삶에서 문제를 발견하고 그것을 해결하는 힘을 원한다면 이 책은 당신을 위한 책이다.

오순이 – 청계 초등학교 수석 교사

트리즈! 상상력을 발휘하여 문제 상황을 인식하고 해결 방법을 모색하는 활동을 할 때 학생들은 눈빛이 살아난다. 특히 기상천외한 적용을 해보는 남학생들의 적극성이 교사로서는 최고의 기쁨이다. 사실 어려운 공학적 원리들을 독서와 적용한 것 자체가 놀라움이고 즐거움이기에 이 책을 통해 그 진가를 맛보는 흥미진진한 만남이 시작되길 바라본다.

권명수 – 예당 초등학교 수석 교사

트리즈 독서토론은 독서 후 아이디어를 떠올려 이야기를 만드는 활동이다. 여기에서는 이야기 줄거리와 느낌으로 독후활동이 이루어지는 독후감에서 벗어나 흥미롭게 독서에 접근할 수 있는 방법을 구체적으로 제시하고 있다. 트리즈 독서토론의 정석으로써 실제 체험하는 트리즈 독서토론 과정을 짚어주며 따라갈 수 있도록 구성되어 있다. 즐겁게 트리즈 독서토론으로 들어오는 길을 열어주고 있다.

고미옥 – 화수 초등학교 교사

우리는 왜 문제를 해결해야 하는 것일까요?
그것은 바로 내가 '행복'해지기 위해서 랍니다.
문제가 생겼을 때 그것을 지혜롭게 해결할 수 있다면
그 다음의 삶은 행복해지기 때문이에요

책을 엮으며

　사람들이 함께 살아가다 보면 수많은 문제들이 발생하기 마련이지요. 어떤 문제는 쉽게 해결되지만 어떤 문제는 매끄럽게 해결되지 못해 화를 내고, 싸우고, 절망하고 힘들어 합니다. 여러분 주위를 둘러보세요. 아마 지금도 문제를 해결하지 못해 전전긍긍하고 있는 사람들이 있을 거예요. 사람들은 문제를 해결하지 못하면 '포기'를 선택하지요. 왜냐하면 포기는 가장 쉬운 선택이니까요. 그러나 과연 '포기'가 현명한 문제해결 방법일까요? 포기했을 때 발생하는 또다른 문제들을 생각한다면 그것은 현명한 방법이 아니지요.

　그렇다면 우리는 왜 문제를 해결해야 하는 것일까요? 그것은 바로 내가 '행복'해지기 위해서 랍니다. 문제가 생겼을 때 그것을 지혜롭게 해결할 수 있다면 그 다음의 삶은 행복해지기 때문이에요. 여러분도 뉴스나 신문에서 이웃 간에 소음문제나 주차문제로 다투다 살인까지 했다는 보도를 본적이 있을 거예요. 서로 행복해 질 수 있는 방법으로 문제를 해결하려고 노력했다면 지금쯤 다정한 이웃사촌이 되어 있을 것인데 말입니다.

　그래서 우리는 문제가 발생했을 때 문제가 무엇인지 생각해 보고 또 다른 문제가 발생하지 않도록 그 문제를 현명하게 해결하려고 노력해야 하는 거예요.

　이러한 문제해결 방법을 찾을 수 있도록 도와주는 것이 바로 "트리즈"입니다. 트리즈는 문제해결 방법 40가지 원리를 이용하여 여러분이 해결해야 할 문제들을 창의적으로 해결할 수 있도록 안내해 줄 거예요. 혹시 '나는 창의성이 없는데 어떡하지'하고 걱정하는 사람이 있다면 걱정을 내려놓으세요. 창의성은 타고 나는 것이 아니에요. 노력을 통해 얻을 수 있는 것이랍니다. '트리즈'를 활용하여 문제를 해결하려고 노력하다보면 창의력도 쑥쑥 자랄 거예요.

　책을 읽다보면 등장인물들이 어떤 사건을 겪고 있을 때 '만약 나라면 어떻게 할까' 또는 '만약 나라면 이렇게 했을 텐데……' 하는 생각을 해본 적이 있을 거예요. 이 책에 수록된 동화를 읽고 트리즈 방법을 이용하여 문제를 해결하는 방법을 익혀보세요. 책 속에 나오는 등장인물들의 마음을 느끼고 그들이 처한 문제를 트리즈와 같이 해결해 나가다 보면 나에게 문제가 발생했을 때 보다 현명하게 문제를 해결할 수 있을 거예요.

　자, 이제 준비되었지요? 지금부터 트리즈의 세계로 떠나겠습니다.

　저를 트리즈의 세계로 이끌어 주고 이 책을 쓸 수 있도록 도움을 주신 오국진 박사님과 김익철 교수님께 깊은 감사드립니다.

2015년 4월
인선주

이 책의 생김새와 쓰임새

• 단원별 구성

> 트리즈와 관련된 주변의 재미있는 이야기와 아이디어를 만드는 40가지 원리를 이해할 수 있도록 구성하였습니다. 책을 읽고 등장인물들이 가진 문제를 발견하고 그 문제를 해결할 수 있는 문제에 대한 지식들을 소개합니다.
> 이를 바탕으로 문제를 창의적으로 해결할 수 있는 새로운 힘이 생길 것입니다.

• 본문의 구성

트리즈 이야기
트리즈와 관련된 재미있는 이야기를 쉽게 이해할 수 있도록 재구성하였습니다.

그림 이어그리기
각 장마다 그림의 일부분을 그려 놓고 나머지를 이어그리기를 하면서 완성할 수 있도록 구성하였습니다. 상상력을 발휘하여 짧은 시간 동안 그리는 활동에 활용합니다.

알아차림 훈련
보다 나은 행복한 삶을 위해 우리는 잘 알아차리는 것이 중요합니다. 지금 여기에서 우리가 현실을 제대로 인식하는 것은 행복한 시간을 보내기 위해 꼭 필요하다고 생각하여 기초적인 알아차림을 단계별로 구성하였습니다.

트리즈 독서토론 프로세스
트리즈 독서토론 프로그램은 문제발견 → 문제정리 → 사고전환 → 문제해결의 과정으로 진행됩니다. 이러한 과정을 통해 어떠한 상황에서 문제를 인식하는 능력이 향상되고 문제의 핵심인 갈등의 요소를 정리할 수 있게 됩니다. 긍정적으로 사고를 전환하는 훈련을 통해 합리적이고 미래지향적인 리더십을 향상시킬 수 있고 아이디어를 만드는 40가지 원리를 활용하여 문제를 해결하는 창의적인 방법을 활용할 수 있도록 구성하였습니다.

아이디어를 창출하는 40가지 원리
아이디어를 만드는 40가지 발명의 원리를 인간관계와 삶에서 만날 수 있는 문제를 해결 할 수 있는 아이디어로 적절히 변형하여 활용할 수 있도록 구성하였습니다. 예를 들면 14번 구형화의 원리는 '상황을 유연하게 한다.'와 같이 독서를 하고 토론할 수 있도록 변형하였습니다.

차례

추천의 글 • 7
책을 엮으며 • 9
이 책의 생김새와 쓰임새 • 10

[1] 푸른 개
1. 기술적 모순 • 13
2. 물리적 모순 • 14
3. 신체 알아차림 • 15
4. 트리즈 독서토론 프로세스 • 16
5. 아이디어 카드 21번 ~ 25번 • 23

[2] 나는 사실대로 말했을 뿐이야!
1. 문제의 지식 – 기능 • 29
2. 문제의 지식 – 심리적 타성 • 30
3. 시각 알아차림 • 31
4. 트리즈 독서토론 프로세스 • 32
5. 아이디어 카드 26번~30번 • 39

[3] 무지개 물고기
1. 분리의 법칙 – 시간 • 45
2. 분리의 법칙 – 공간 • 46
3. 느낌 알아차림 • 47
4. 트리즈 독서토론 프로세스 • 48
5. 아이디어 카드 31번~35번 • 56

[4] 변신
1. 분리의 법칙 – 부분/전체 • 62
2. 분리의 법칙 – 조건 • 63
3. 생각 알아차림 • 64
4. 트리즈 독서토론 프로세스 • 65
5. 아이디어 카드 36번~40번 • 72

트리즈 독서토론

1 푸른 개

그림 이어그리기

1. 기술적 모순

기술적 모순이란 하나의 특성이 개선되면 다른 기술적 특성은 악화되는 모순이에요. 예를 들면 이런 모순을 해결한 사이트로 구글이 있어요. 여러분, 인터넷 포털 사이트로 구글, 네이버, 다음 등이 있는 거 아시죠? 이런 포털사이트의 수입원은 광고 수익이거든요. 배너를 화면에 배치해 기업인들에게 광고를 해 주고 광고료를 받는 거예요. 그래서 가능한 한 많은 배너를 포털에 등록해야 많은 수익을 올리게 된답니다. 그런데 여기서 문제가 생겨요. 포털 사이트는 가능한 한 많은 광고를 올려야 하고 광고주들은 가능한 한 광고 수가 작아야 하는 거죠. 그래서 포털사이트 운영자에게는 광고가 많아야 하고 광고주에게는 광고가 작아야 해요. 광고가 많으면 광고를 찾기가 어렵고 광고가 적으면 사이트 운영이 어려운 모순이 생기는 거죠.

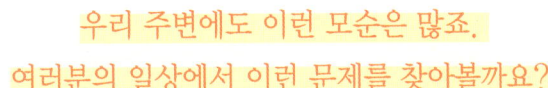

우리 주변에도 이런 모순은 많죠.
여러분의 일상에서 이런 문제를 찾아볼까요?

2. 물리적 모순

시스템의 한 특성이 서로 상반된 상태를 동시에 요구 받는 상황을 물리적 모순이라고 해요. 다시 말하면 두 요구조건 사이의 충돌이 나는 상태를 말하는 거예요.

파로스 등대는 BC 3세기 알렉산드리아 항구 앞 파로스 섬에 세워진 하얀 대리석 등대입니다. 지진으로 무너져 현재는 없지만 흔적이 발견되어 알려지게 되었죠. 당시 최고의 건축물로 밤에는 횃불 빛을 43km 밖에서도 볼 수 있었다고 해요. 이 등대의 건축 책임자는 소스트라투스라는 사람이었는데 그는 고민이 있었어요.

파라오인 프톨레마이오스 2세가 등대를 건축할 때 등대의 표면에 자신의 이름만을 새기도록 명령했어요. 하지만 소스트라투스도 자신의 이름을 꼭 새기고 싶었어요. 소스트라투스는 이 등대의 역사적 의미를 잘 알고 있기에 등대에 건축가로서 자신의 이름을 꼭 새기고 싶었던 거예요. 하지만 왕명을 거스른다면 자신은 사형을 당할 게 뻔하기 때문에 목숨을 걸고 이름을 새길 수는 없었죠.

==그래서 그는 분리의 법칙을 활용하여 이 문제를 해결했다고 해요. 어떻게 했을까요?==

신체 알아차림

머리 목 어깨 다리 팔 허리 발 손

나는 지금 _____ 가 _____ 것을 알아차립니다.

트리즈 독서토론

☀ 문제발견

1) 등장인물들의 문제를 찾아볼까요?

> 샤를로뜨가 양지바른 문가에 앉아서 인형을 가지고 놀고 있을 때 커다란 개 한 마리가 다가왔다. 털은 푸른색이고 눈은 꼭 보석처럼 반짝거리는 초록색인 이상한 개였다.
> "푸른 개네. 너, 집이 없니? 불쌍해 보인다."
> 샤를로뜨는 초코빵을 푸른 개와 나누어 먹었다. 푸른 개는 저녁마다 찾아왔다. 샤를로뜨는 푸른 개를 살살 만져 주면서 이야기를 하고 놀았다.
> 그러던 어느 날 저녁 엄마가 말씀하셨다. "엄마는 네가 그 개와 노는 것이 싫다. 누구네 집 개인지도 알 수 없고, 병에 걸렸을지도 몰라. 물리면 큰일이야. 어쨌든 엄마는 그 개를 우리 집에 들여 놓지 말았으면 좋겠다."
>
> 『푸른 개』 본문 발췌, 나자 글/그림, 최윤정 옮김, 파랑새

어떻게 해야 좋은지 모르겠어요.

문제정리

2) 갈등의 요소를 정리하고 방법을 찾아볼까요?

수단/방법

목적/욕구/기대 1　　갈등의 요소　　목적/욕구/기대 2

수단/방법

트리즈 독서토론

긍정적 사고전환

3) 문제를 개선하려면 어떻게 해야 할까요?

모순 1

⬇

모순 2

⬇

기분이 좋아지나요?
몸에 힘이 나는가요?

 **해결방안**

4) 아이디어가 떠오르는 카드를 찾아서 해결방안을 연결해 보세요.

트리즈 독서토론

해결방안

 **IFR 찾기**

5) 가장 좋은 아이디어는 어떤 것일까요?

 IFR(Ideal Final Result) : 모든 시스템은 이상성(Ideality)의 방향으로 진화해요. 쉽게 말하면 비용대비 효과의 비율이 높은 것, 즉 비용이 전혀 소요되지 않으면서 기능을 수행할 수 있는 시스템을 말하는 거예요.

 글쓰기

6) 문제 발견 → 문제 정리 → 긍정적 사고전환 → 해결방안 → IFR 순서로 글을 써 본다면?

5. 아이디어 원리
1) 카드 21번

21번
신속성
(빠르게)

재빠르게 속도를 내서 처리한다.

해로운 요소를 없애기 위해서 빨리 처리하면 좋은 것을 찾아볼까요? 옛날에는 은행에서 쭉 줄을 서서 기다렸는데요. 요즘은 _____ 가 있어서 기다리지 않아요.

Q&A
- 방해가 되는 것을 빠르게 한다면?

• 신속하게 처리한 사례를 찾아 아래에 그려 보세요.

2) 카드 22번

22번
전화위복
(나쁜 것을 좋게)

나쁜 것을 증가시켜 좋게 한다.

사람은 누구나 단점이 있어요. 그 단점을 장점으로 전환하려면 어떻게 해야 할까요?

Q&A

- 해로운 요소를 활용하여 바람직한 효과를 만든다면?
- 나쁜 마음이 드는 것을 좋게 해 보려면?

• 전화위복이 된 사례를 찾아 아래에 그려 보세요.

3) 카드 23번

23번
반응활용
(피드백)

진행과정에서 주변의 의견을 경청, 수용한다.

> 마트에 가면 맛있는 냄새가 솔솔 납니다. 한 바퀴 돌면서 시식을 하다보면 사서 먹고 싶은 마음이 생기지요? 회사에서는 고객의 이런 반응을 활용하여 매출을 올릴 수 있답니다.

Q&A
- 피드백을 한다면 뭘 해야 할까요?
- 이미 피드백을 했다면 그 크기나 영향력을 바꾸어 해볼까요?

• 반응을 활용한 사례를 찾아 아래에 그려 보세요.

4) 카드 24번

24번
매개체
(도우미 활용)

역할을 대신할 사람이나 시스템을 찾는다.

사람은 누구나 단점이 있어요. 그 단점을 장점으로 전환하려면 어떤 것을 중간에 활용하면 될까요?

Q&A
- 중간에 도와 줄 사물이나 사람을 찾아볼까요?
- 쉽게 제거할 수 있는 것을 임시로 연결해 볼까요?

· 매개체의 활용 사례를 찾아 아래에 그려 보세요.

5) 카드 25번

**25번
스스로 하기**
(자동시스템)

저절로 되는 방법을 찾는다.

파스칼이 거짓말 하는 습관을 스스로 고치게 하려면 어떻게 해야 할까요?

Q&A
― 스스로 하도록 해 볼까요?

• 스스로 하기의 사례를 찾아 아래에 그려 보세요.

트리즈 독서토론

2 나는 사실대로 말했을 뿐이야!

그림 이어그리기

1. 문제의 지식 – 기능

1960년대에는 미국과 소련이 우주 탐험과 정복을 위해서 치열하게 경쟁하였어요. 그런데 무중력 공간인 우주에서 필기를 하는 것이 큰 문제였죠. 왜냐하면 볼펜은 중력에 의해서 잉크가 아래로 내려오는 원리로 만들어졌기 때문이에요.

미국의 항공우주국(NASA)은 약100만 달러를 투자하여 무중력 상태인 우주에서 활용할 수 있는 볼펜을 만들기로 했어요. 소련에서는 처음에 연필을 사용했지만 나중에 우주볼펜을 사용하였다고 해요.

연필의 흑연분말은 화재를 유발할 수도 있고 매우 우수한 전도체이기 때문에 우주선의 내부 회로에 치명적인 해를 입힐 수 있어요. 더군다나 연필의 심이 깎다가 부러지거나 튕겨나가기라도 하면 우주선을 파괴 할 수 있는 엄청난 힘이 생긴다네요. 그리고 연필을 깎는 칼 역시 매우 심각한 위험요소가 됩니다. 그래서 구소련에서는 미국이 우주 볼펜을 만든지 1년만인 1969년 펜과 1000개의 잉크카트리지를 모두 사서 사용하게 되었답니다.

화씨 영하 50도에서 화씨 영상 400도까지 사용할 수 있는 이 우주볼펜은 또한 온도의 상승에 따라서 잉크가 파란색에서 초록색으로 바뀐다는 점도 있어서 필기를 할 시점의 온도도 자동으로 기록 된답니다. 이 외에도 수중, 극한, 극서, 무중력, 저기압 등 어떤 극한 조건에서도 활용할 수 있다는 특성 때문에 40년이 지난 현재까지도 우주개발 이외에 극지탐사 혹은 수중탐사, 에베레스트 등반 등에 필수적으로 활용되고 있어요.

이 볼펜은 피셔사(Fisher)에서 최저 4$에서 최고 800$의 가격으로 팔리고 있어요.

파이낸스 투데이(http://www.fntoday.co.kr)에서 참고

2. 문제의 지식 – 심리적 타성

옛날 중국의 설(薛)이라는 곳에 전영이라는 성주가 살았어요. 어느 날 그의 첩이 아들을 낳았어요. 그런데 이 아이가 5월 5일에 태어난 거예요. 중국에서는 5월 5일에 남자 아이가 나면 아버지를 해롭게 하고 여자아이가 나면 어머니를 해롭게 한다는 속설이 있었어요. 그래서 전영은 이 아이를 기를 수 없다고 생각했어요.

"이 아이는 기를 수가 없다. 내다 버리도록 해라."
"흑흑…… 어떻게 아이를 버릴 수 있나요. 전 그렇게 못해요."

전영의 첩은 집에서 나와 멀리 도망가서 몰래 홀로 아이를 키웠어요. 그리고 아이 이름을 전문이라고 지었어요. 전문은 무럭무럭 자랐어요. 문이 자라서 멋진 청년이 되었어요. 어느 날 문의 어머니는 아버지에게 문을 데리고 갔어요. 멋지게 자란 문을 본 전영은 내심 깜짝 놀랐지만 속설 때문에 화가 나고 두려웠어요.

"내 너에게 이 아이를 버리라고 했는데 감히 키우다니! 왜 그렇게 했느냐?"
문은 어머니 대신 아버지께 말했어요.
"아버님께서 5월 5일에 태어난 아들을 키우지 못하게 한 까닭이 무엇입니까?"
문이 또 아버지께 질문했어요.
"사람이 이 세상에 올 때 생명을 하늘로부터 받나요? 아니면 문설주로부터 받나요?"
"……"
전영은 갑자기 당황해서 할 말을 잃었어요. 생명은 어디에서 오는지 깊이 생각해 보지 않았던 거지요. 그리고 5월 5일에 난 아이를 내다 버리는 속설을 그대로 믿었던 자신이 순간 너무나 부끄러웠습니다. 전문은 이어서 말을 했습니다.

"사람의 생명을 하늘에서 받는다면 아버님은 하늘의 명대로 살게 되실 것이므로 걱정하실 게 없는 것이고, 만약 사람이 생명을 문설주에게서 받는다면 문설주를 저의 키보다 많이 높이면 두려워할 것이 없습니다."

전영은 전문의 지혜가 놀라웠습니다. 전문을 잘 키운 첩과 함께 다시 들어와 살도록 했어요. 그리고 성의 일을 가르치고 배우게 했답니다. 전영은 여러 명의 아들을 두었지만 지혜로운 전문을 후계자로 삼았어요. 전영의 뒤를 이어 설의 성주가 되었고 삼천식객으로 유명한 바로 맹상군이 바로 전문이랍니다.

시각 알아차림

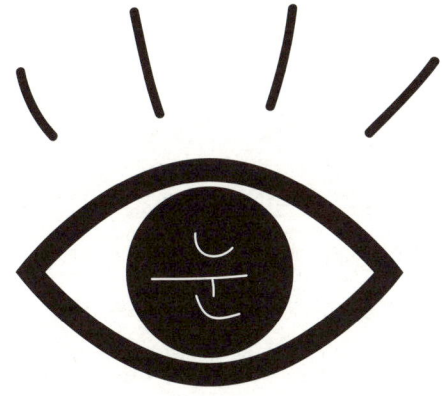

나는 지금 _____ 가 _____ 것을 알아차립니다.

트리즈 독서토론

☀ 문제발견

1) 등장인물들의 문제를 찾아볼까요?

리비는 엄마가 늙은 대장한테 여물하고 물을 주라고 했는데 친구와 놀고 싶어서 주었다고 거짓말을 했어요. 엄마는 리비에게 거짓말한 벌로 온종일 밖에 나가지 못하게 했어요. 리비는 다시는 거짓말하지 않기로 마음먹었어요.
"이제부터는 꼭 사실대로만 말할 거야."
주일학교에서 친구 루시의 새 옷을 보고 아이들이 칭찬을 했어요. 리비도 루시의 옷이 예쁘다고 칭찬을 했어요. 그런데 양말에 구멍 난 사실까지 말해서 루시를 창피하게 만들었어요. 학교에서는 숙제 안 해온 친구를 선생님께 알려 주었어요. 리비는 점심시간이 되기도 전에 친구들에 대해 아주 많은 일들을 사실대로 말했어요. 그러자 반 친구들은 리비를 피하기 시작했어요.

『나는 사실대로 말했을 뿐이야!』 본문 발췌, 패트리샤 맥키삭 글, 지젤 포터 그림, 마음물꼬 옮김, 고래이야기

 문제정리

2) 갈등의 요소를 정리하고 방법을 찾아볼까요?

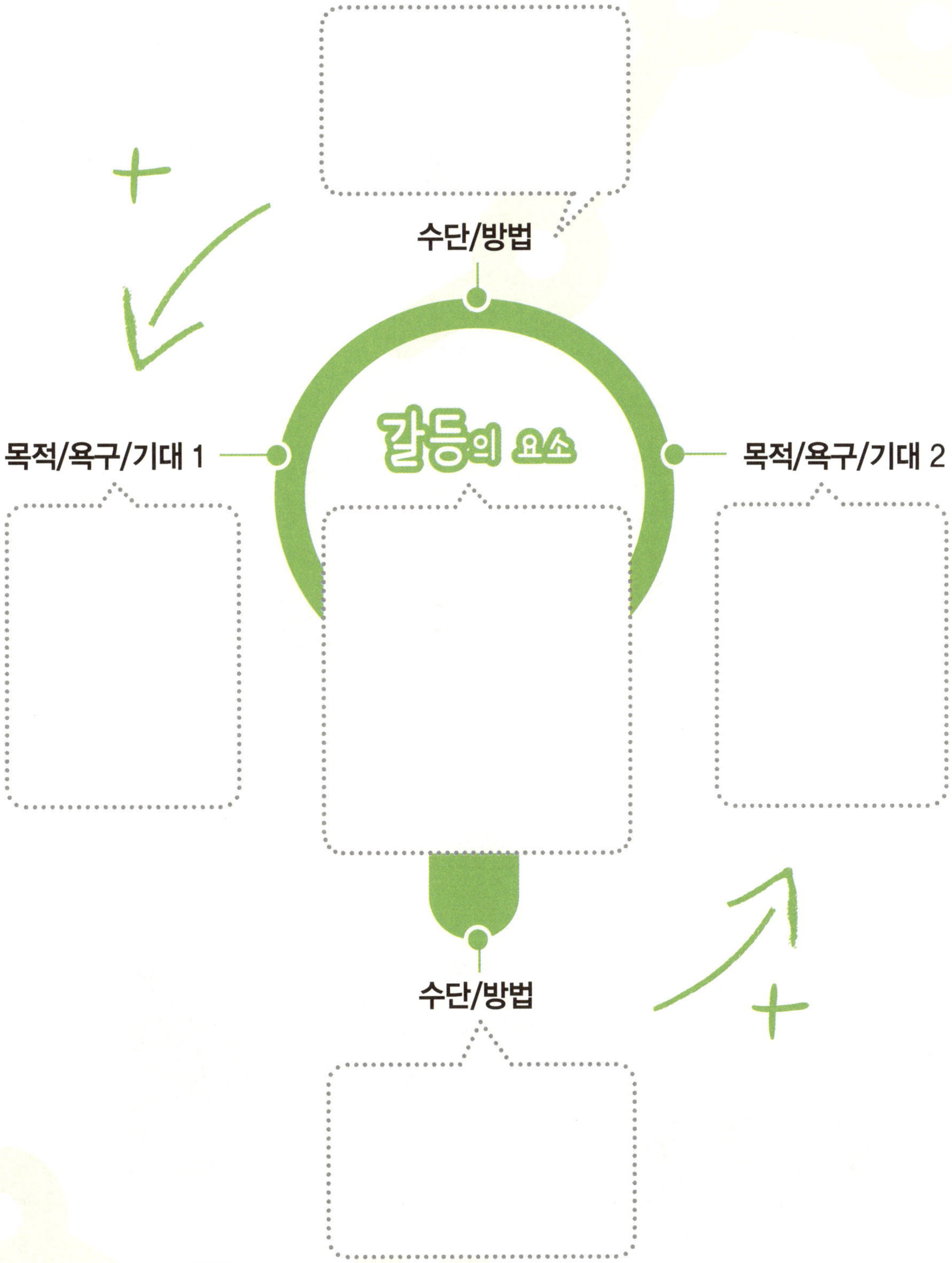

수단/방법

목적/욕구/기대 1   갈등의 요소   목적/욕구/기대 2

수단/방법

트리즈 독서토론

🌱 긍정적 사고전환

3) 문제를 개선하려면 어떻게 해야 할까요?

모순 1

⬇

모순 2

⬇

기분이 좋아지나요?
몸에 힘이 나는가요?

 **해결방안**

4) 아이디어가 떠오르는 카드를 찾아서 해결방안을 연결해 보세요.

트리즈 독서토론

해결방안

 **IFR 찾기**

5) 가장 좋은 아이디어는 어떤 것일까요?

 IFR(Ideal Final Result) : 모든 시스템은 이상성(Ideality)의 방향으로 진화해요. 쉽게 말하면 비용대비 효과의 비율이 높은 것, 즉 비용이 전혀 소요되지 않으면서 기능을 수행할 수 있는 시스템을 말하는 거예요.

 글쓰기

6) 문제 발견 → 문제 정리 → 긍정적 사고전환 → 해결방안 → IFR 순서로 글을 써 본다면?

5. 아이디어 원리
1) 카드 26번

**26번
복제
(복사)**

똑같은 특성, 환경을 만든다.

> 탐관오리들의 창고를 털어 가난한 백성들에게 나누어 준 홍길동을 잡으려고 혈안이 되었죠. 하지만 홍길동을 잡았다고 생각하면 또 다른 홍길동이 이웃마을에 있는 겁니다.

Q&A
- 본래의 요소를 대신해 줄 값싼 복제품을 만든다면?
- 그 복제품으로 본래의 효과를 본다면?

• 복제의 활용 사례를 찾아 아래에 그려 보세요.

트리즈 독서토론

2) 카드 27번

**27번
미봉책
(일회용)**

임시방편의 도구나 수단을 찾는다.

비싸고 수명이 긴 요소 대신에 값싸고 수명이 짧은 것을 사용하면 어떻게 될까요?

Q&A
- 임시방편을 찾아볼까요?
- 한 번만 쓰고 버릴 수 있는 것을 찾아 볼까요?

• 미봉책의 사례를 찾아 아래에 그려 보세요.

3) 카드 28번

28번
대체에너지
(대신하기)

오감, 직관, 시스템을 다른 것으로 대체한다.

> 빵집을 지나가면 맛있는 냄새가 솔솔 나요. 이 빵 굽는 냄새 때문에 그냥 지나치기가 어렵죠?

Q&A
- 빛, 소리, 열, 냄새 등 다른 감각을 활용해 볼까요?
- 아무 상관이 없지만 떠오르는 직관은 어떤 게 있나요?

· 대체에너지 활용 사례를 찾아 아래에 그려 보세요.

트리즈 독서토론

4) 카드 29번

29번 지연성
(느리게)

느리게 시간을 최대한 끌어본다.

어떤 문제가 발생했을 때 무조건 수용하려고 하는 것은 참으로 어려운 일입니다. 하지만 일단 수용하고 상황을 조금 벗어나서 차츰차츰 변화를 시도해 보는 것도 하나의 방법이죠.

Q&A
- 문제 상황을 일시적으로 피해 보면 어떨까요?
- 일단 시간을 벌어 볼 수 있는 방법은?

• 지연성의 사례를 찾아 아래에 그려 보세요.

5) 카드 30번

**30번
보호막**

(얇은 막)

상황을 차단하거나 은폐 시킨다.

요즘에 누구나 핸드폰을 가지고 있죠? 그런데 잘못해서 핸드폰을 바닥에 떨어뜨릴 때가 있어요. 액정이 나가면 당장 전화를 할 수가 없는데…

Q&A

- 예상될 문제 상황을 차단하려면?
- 유연한 막을 사용하여 볼까요?

• 보호막의 활용 사례를 찾아 아래에 그려 보세요.

트리즈 독서토론

무지개 물고기

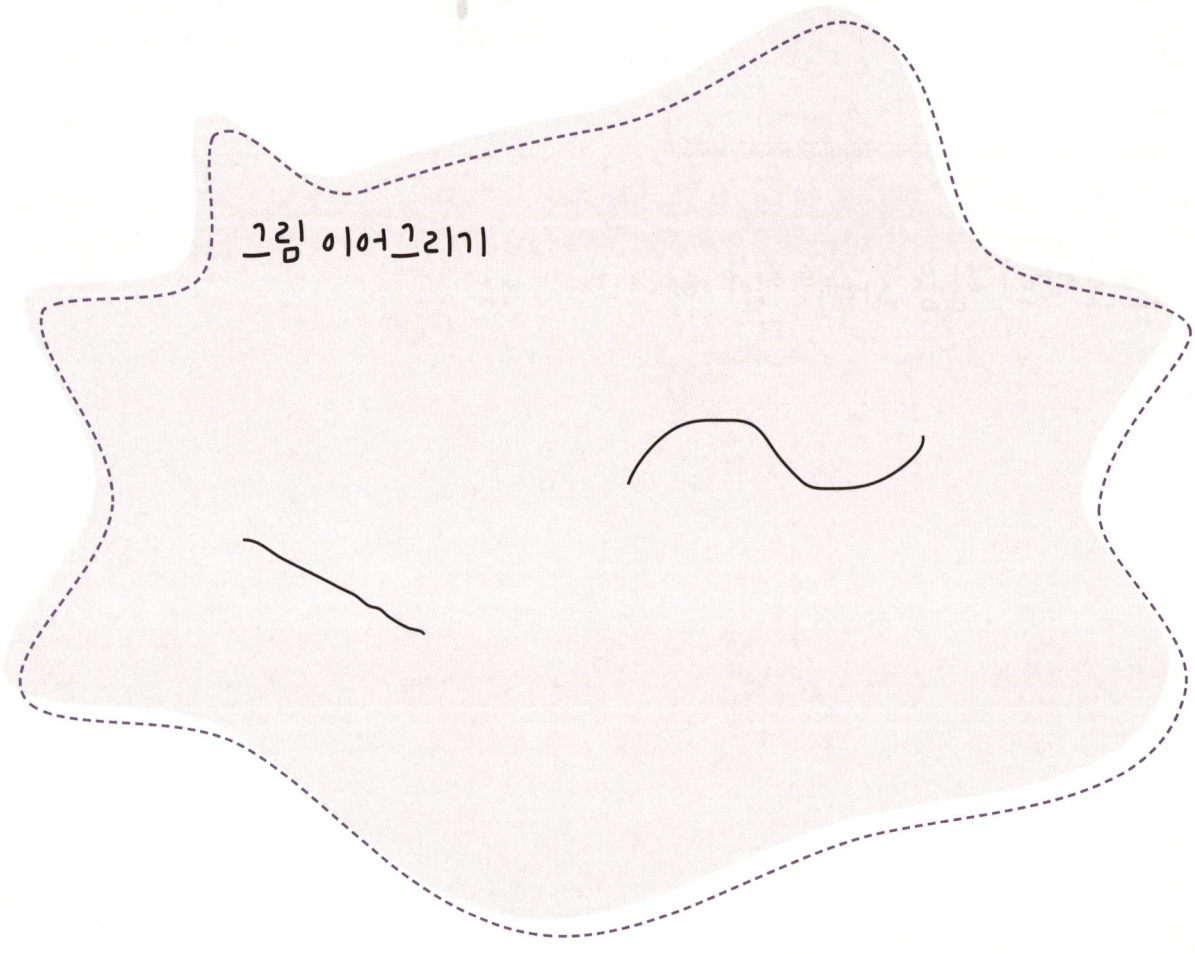

그림 이어그리기

1. 분리의 법칙 – 시간

우리는 살아가면서 많은 문제를 만나게 되는데요. 그 문제들을 해결하는 아이디어를 트리즈의 원리에서 많이 얻을 수 있어요. 40가지 아이디어를 만드는 원리는 분리의 법칙으로 되어 있답니다. 여기서 말하는 분리란 시간, 공간, 조건의 분리를 말해요.

시간을 분리해서 문제를 해결하는 것이죠. 예를 들면 바쁜 시간에 빨리 먹을 수 있는 햄버거가 있어요. 그래서 패스트푸드라고 하죠. 통조림도 시간의 분리를 통해 만들어진 상품입니다. 생선은 신선하게 먹으면 더없이 좋지만 곧 상하게 되죠. 캔에 넣어서 진공상태로 보관한다면 냉장이나 냉동고가 아니어도 오랜 시간 보존이 가능하죠.

이와는 반대로 숙성, 발효의 방법으로 만들어진 음식도 있죠. 바로 된장, 고추장, 간장과 같은 우리의 전통음식이에요. 우리 조상들의 지혜가 담긴 음식이죠. 시간의 문제를 지혜롭게 해결 한 것으로 한국의 대표음식 김치도 있어요.

트리즈 독서토론

2. 분리의 법칙 – 공간

공간을 분리해서 문제를 해결한 사례도 많지요.
그림의 커피잔을 볼까요? 커피와 과자를 함께 담을 수 있는 커피잔이에요.
컵 아래 쪽에 공간을 나누어서 과자를 넣었죠.
아이디어가 대단하죠?

여러분도 이런 컵 하나 갖고 싶지요?

옆의 사진은 식당 안에 있는 놀이방입니다.
식당에 엄마 친구네 가족과 함께 갔는데 엄마들의 이야기가 끝이 없어요. 오랜만에 만나서 할 얘기가 많으신 거죠.
하지만 우리 친구들은 그 시간이 지루하고 힘들지요?
이럴 때 우리를 정말 행복하게 해주는 공간이 있습니다.
바로 식당의 한 공간을 떼어 만들어 놓은 놀이 공간이죠.
이 놀이 공간 덕분에 손님도 좋고 주인도 매출을
쑥쑥 올릴 수 있어서 좋답니다.

 느낌 알아차림

나는 지금 _____ 가 _____ 것을 알아차립니다.

트리즈 독서토론

 **문제발견**

1) 등장인물들의 문제를 찾아볼까요?

> 저 멀리 깊고 푸른 바다 속에, 물고기 한 마리가 살고 있었습니다. 그 물고기는 보통 물고기가 아니라 온 바다에서 가장 아름다운 물고기였습니다. 파랑, 초록, 자줏빛 비늘 사이사이에 반짝반짝 빛나는 은빛 비늘이 박혀 있었거든요. 다른 물고기들도 그 물고기의 아름다운 모습에 감탄했습니다 물고기들은 무지개 물고기에게 말을 붙였습니다.
> "얘, 무지개 물고기야, 이리 와서 우리랑 같이 놀자!"
> 하지만 무지개 물고기는 한 마디 대꾸도 없이 잘난 체하면서 휙 지나가 버렸습니다. 예쁜 비늘을 반짝이면서 말이에요.
> 어느 날 파란 꼬마 물고기가 무지개 물고기를 뒤따라왔습니다. 파란 꼬마 물고기는 무지개 물고기를 불러 세웠습니다.
> "무지개 물고기야, 잠깐만 기다려 봐! 넌 반짝이 비늘이 참 많구나. 나한테 한 개만 줄래? 네 반짝이 비늘은 정말 멋있어."
> 무지개 물고기는 버럭 소리를 질렀습니다.
> "내가 가장 아끼는 건데, 달라고? 네가 뭔데 그래? 저리 비켜!"
> 파란 꼬마 물고기는 깜짝 놀라서 도망가 버렸습니다. 파란 꼬마 물고기는 어찌나 마음이 상했는지 친구들에게 그 일을 일러바쳤답니다. 그 뒤로는 아무도 무지개 물고기랑 놀려고 하지 않았습니다. 무지개 물고기가 다가오면 모두들 자리를 피해 버렸습니다.
>
> 『무지개 물고기』 마르쿠스 피스터 글/그림, 공경희 옮김, 시공주니어

걱정, 근심, 고민, 어떻게 해야 좋은지 모르겠어요

문제정리

2) 갈등의 요소를 정리하고 방법을 찾아볼까요?

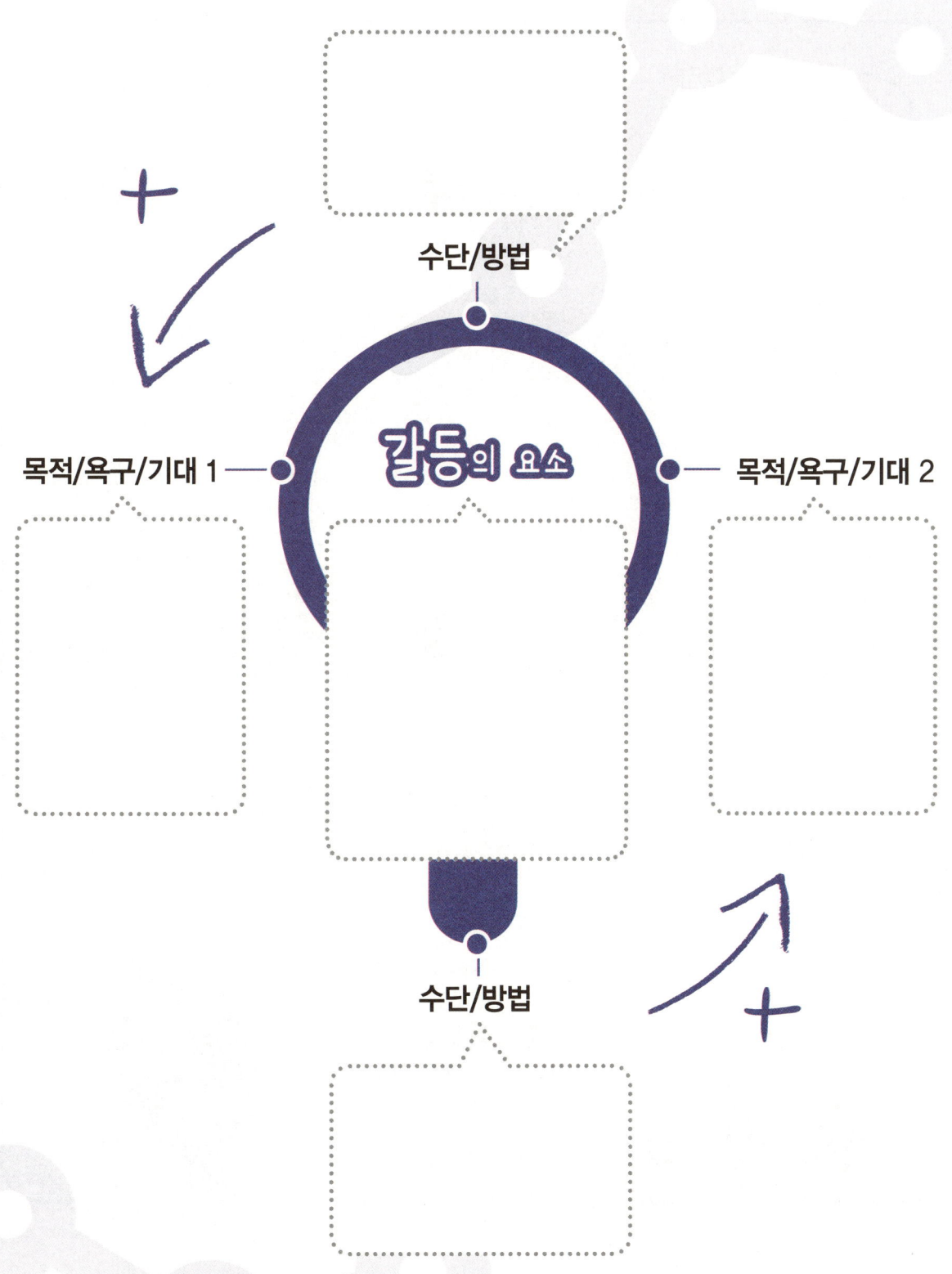

트리즈 독서토론

긍정적 사고전환

3) 문제를 개선하려면 어떻게 해야 할까요?

모순 1

⬇

모순 2

⬇

기분이 좋아지나요?
몸에 힘이 나는가요?

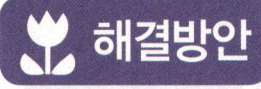 해결방안

4) 아이디어가 떠오르는 카드를 찾아서 해결방안을 연결해 보세요.

트리즈 독서토론

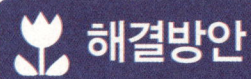 해결방안

트리즈 독서토론

🔍 IFR 찾기

5) 가장 좋은 아이디어는 어떤 것일까요?

 IFR(Ideal Final Result) : 모든 시스템은 이상성(Ideality)의 방향으로 진화해요. 쉽게 말하면 비용대비 효과의 비율이 높은 것, 즉 비용이 전혀 소요되지 않으면서 기능을 수행할 수 있는 시스템을 말하는 거예요.

 글쓰기

6) 문제 발견 → 문제 정리 → 긍정적 사고전환 → 해결방안 → IFR 순서로 글을 써 본다면?

5. 아이디어 원리

1) 카드 31번

**31번
긍정성**

(틈새 활용하기)

문제를 가볍게 보고 낙관적으로 틈새를 찾아본다.

야영을 좋아하는데 밤에 모기가 무는 것은 싫어요. 어떻게 하면 좋을까요?

Q&A
- 작은 구멍을 내 볼까요?
- 무게를 줄일 방법은 무엇이 있을까요?
- 틈새를 찾아볼까요?

· **긍정성을 활용한** 사례를 찾아 아래에 그려 보세요.

2) 카드 32번

**32번
이미지 변화**

(색깔 바꾸기)

색깔, 스타일 등을 변화시킨다.

> 정육점을 오픈했어요.
> 가게 안을 환하게 하기 위해
> 밝은 조명을 사용했어요. 그런데요...
> 고기가 싱싱해 보이지 않아요.
> 어떻게 해야 할까요?

Q&A

– 물체나 환경의 색을 변화시켜 볼까요?
– 색을 씌워 볼까요?
– 무늬를 바꿔 볼까요?

• 이미지 변화 사례를 찾아 아래에 그려 보세요.

3) 카드 33번

**33번
동질성**

(유사성)

비슷한 특성이나 환경을 활용한다.

다이아몬드는 가장 강한 광물이에요. 원석을 아름다운 보석으로 만들기 위해서는 다이아몬드를 무엇으로 다듬어야 할까요?

Q&A

- 같은 고민을 가진 사람들끼리 문제를 해결해 보면 어떨까요?
- 취미가 같은 사람들끼리 동호회를 만들어보면 어떨까요?
- 같은 재료를 사용해 보면 어떨까요?

• **동질성의** 사례를 찾아 아래에 그려 보세요.

4) 카드 34번

34번
폐기&재생

버리거나 다시 사용한다.

며칠 동안 산 등반을 하려고 해요. 배낭을 가볍게 하려면 어떻게 해야 할까요?

Q&A
- 버리는 것이 처음부터 생기지 않도록 해볼까요?
- 재활용할 수 있는 방법을 생각해 볼까요?
- 다용도로 사용할 수 있도록 만들어 볼까요?

· 폐기 & 재생의 원리를 사용한 사례를 찾아 아래에 그려 보세요.

5) 카드 35번

35번
속성변화
(성질 바꾸기)

본래 가지고 있는 특성, 성질을 변화 시킨다.

야외 활동이 많아서 휴대용 비누가 필요해요. 그런데 고체비누는 물에 젖으면 휴대하기 불편해요.

Q&A
- 액체를 고체로 또는 고체를 액체로 만들어 보면 어떨까요?
- 부피를 줄이거나 늘여보면 어떨까요?
- 얇게 만들어 보면 어떨까요?

• **속성변화의 사례를** 찾아 아래에 그려 보세요.

트리즈 독서토론

변신

그림 이어그리기

트리즈 독서토론

1. 분리의 법칙 전체/부분

분장사 토머스는 솜씨가 뛰어나서 많은 사람들의 인기를 끌고 있었어요. 그의 기술을 보는 사람마다 감탄했어요. 또한 라텍스를 이용해서 만든 마스크는 만져보고도 피부라고 착각할 정도였어요.

그러던 어느 날 그에게 큰 위기가 닥쳤어요. 그의 이름은 일반인도 다 알고 있을 정도로 유명했는데 바로 그런 점 때문에 감옥에서도 명성이 자자했죠. 그 명성을 듣고 탈옥한 탈옥수 케빈이 지명수배를 피해 달아나다가 토머스에게 온 것이죠. 케빈은 토머스를 협박해서 자신을 분장시키라고 한 거예요.

토머스는 케빈을 분장해 주면 자신이 범인의 도주를 도운 공범으로 몰릴 염려가 있고, 만약 분장을 해주지 않으면 케빈에게 죽임을 당할 위험에 놓이게 되었어요. 분장을 해주어야 하기도 하고 안 해 주기도해야 하는 상황이 된 거죠.

그는 아침에 인터넷에서 보았던 성추행범의 얼굴을 떠올렸어요. 그리고 그 얼굴로 분장을 해 주어 위기를 모면할 수 있었답니다.

2. 분리의 법칙 – 조건

빈이는 오늘 신났어요. 겨울 방학을 했거든요. 더군다나 태어나서 처음으로 해외여행을 가는 날이 내일이라 콧노래를 부르며 돌아다녔어요.

집에 돌아오자마자 부리나케 짐부터 싸기 시작했어요. 그런데 겨울옷들이 두꺼워서 가방에 몇 벌만 넣어도 가득 찼어요. 아직 가방에 넣어야 할 것이 많은데 말이에요.

"엄마, 큰 가방이 몇 개 더 있어야겠어요."
그러자 엄마는 가방대신 비닐봉지와 청소기를 주셨어요.
"엄마, 큰 가방이 필요하다고요. 비닐이 아니라……"
그러자 엄마는 빙글빙글 웃기만 하셨죠.
"빈이야, 머리를 좀 써라."
'도대체 비닐봉지에다 청소기까지… 뭔 암호일까?'

빈이는 엄마의 암호를 해독하지 못하고 한참을 낑낑거리면서 고민하고 있었죠. 그러자 엄마가 빈이 방으로 올라오셨어요. 엄마는 빈이의 옷 하나를 비닐봉지에 담더니 청소기를 봉지 안에 넣은 후 스위치를 켰어요. 그러자 청소기가 공기를 쭉 빨아들여서 옷을 넣은 비닐봉지가 진공포장처럼 되었어요. 가방 하나에 진공 포장된 겨울 잠바가 꽉꽉 다 들어가는 마술 같은 일이 ……

트리즈 독서토론

 생각 알아차림

나는 지금 _____ 가 _____ 것을 알아차립니다.

 **문제발견**

1) 등장인물들의 문제를 찾아볼까요?

> 그레고리 샘슨은 어느 날 아침, 잠에서 깨어나 깜짝 놀랐어요. 자기 몸이 커다란 딱정벌레로 변해 있었으니까요.
>
> 그레고리는 방에 걸린 거울을 한참 동안 들여다보았어요. 진한 밤색 몸통의 커다란 딱정벌레가 틀림없었어요. 까맣고 큼직한 딱정벌레 눈이 두 개, 기다란 딱정벌레 더듬이도 두 개 있었어요. 가늘고 긴데다 털까지 숭숭 난 딱정벌레 다리도 여섯 개가 생겼어요. 아무리 생각해 봐도 전에는 이런 일이 없었던 것 같은데 말이에요.
>
> 아빠가 아래층에서 부르셨어요. "그레고리, 옷 입고 내려와서 아침 먹어야지."
>
> 그레고리는 여섯 개의 다리로 방바닥에 납작 내려서서, 허겁지겁 화장실로 달렸어요. 딱딱한 발이 화장실 타일에 부딪치자, 딸깍딸깍 소리가 났죠. 그레고리는 세수를 하고 입 안에 비죽비죽 돋은 크고 날카로운 송곳니들을 닦았어요. 그러다가 세면대 위의 거울을 보니, 흐익 아직도 딱정벌레 그대로였어요.
>
> 『변신』 로렌스 데이비드 글/델핀 뒤랑 그림, 고정아 옮김, 보림

걱정, 근심, 고민, 어떻게 해야 좋은지 모르겠어요.

트리즈 독서토론

문제정리

2) 갈등의 요소를 정리하고 방법을 찾아볼까요?

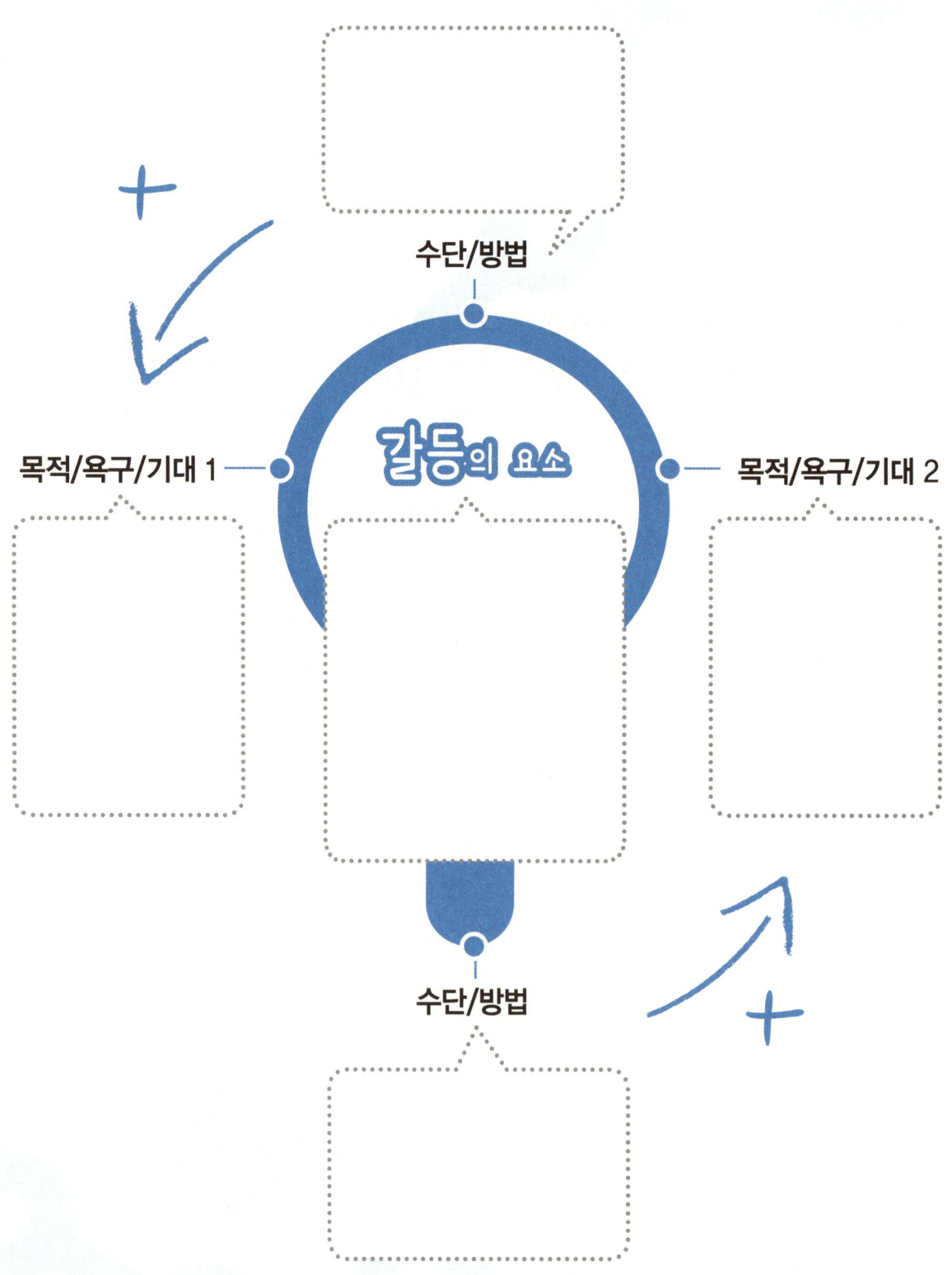

긍정적 사고전환

3) 문제를 개선하려면 어떻게 해야 할까요?

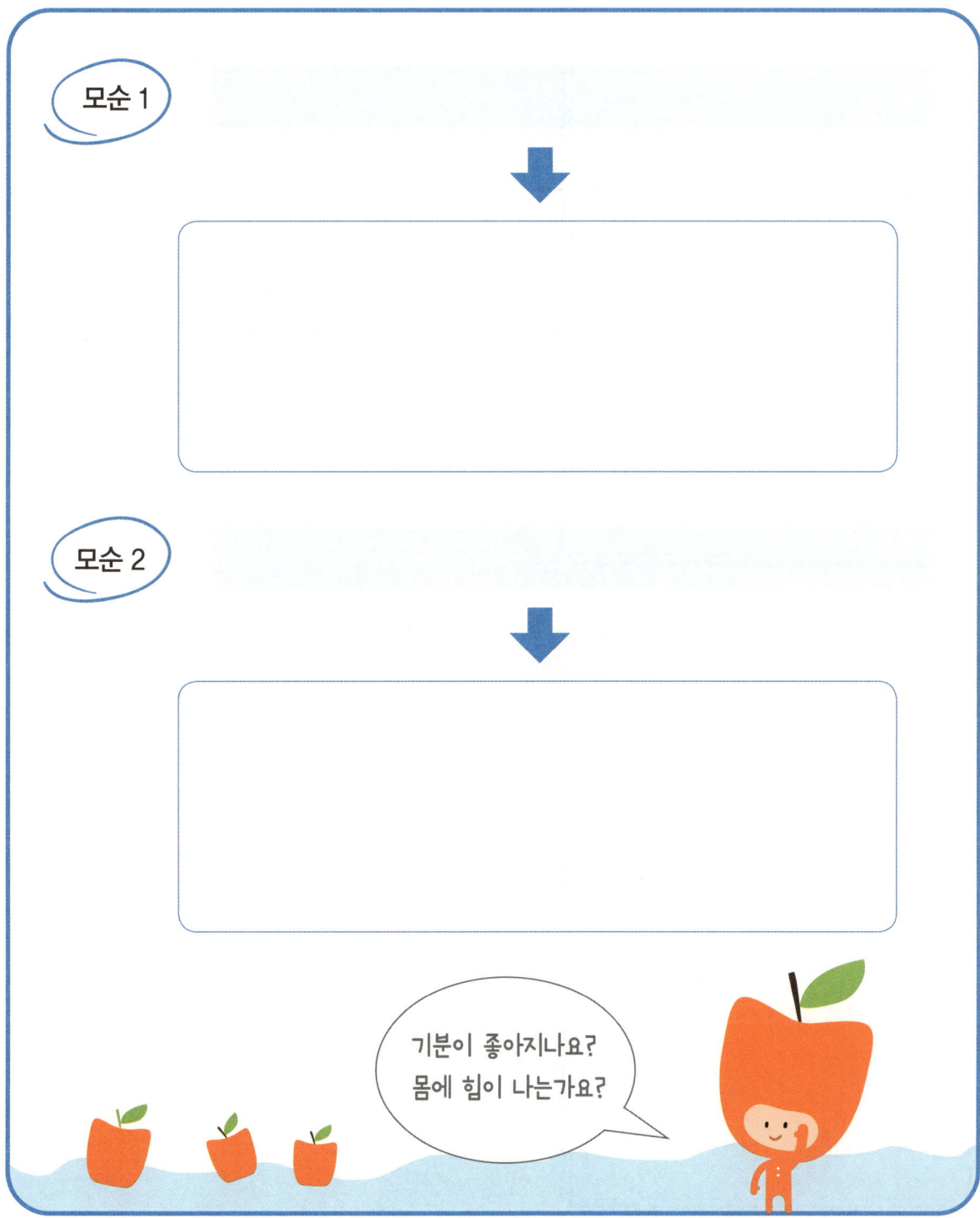

모순 1

모순 2

기분이 좋아지나요?
몸에 힘이 나는가요?

트리즈 독서토론

🌷 해결방안

4) 아이디어가 떠오르는 카드를 찾아서 해결방안을 연결해 보세요.

트리즈 독서토론

 **IFR 찾기**

5) 가장 좋은 아이디어는 어떤 것일까요?

 IFR(Ideal Final Result) : 모든 시스템은 이상성(Ideality)의 방향으로 진화해요. 쉽게 말하면 비용대비 효과의 비율이 높은 것, 즉 비용이 전혀 소요되지 않으면서 기능을 수행할 수 있는 시스템을 말하는 거예요.

 글쓰기

6) 문제 발견 → 문제 정리 → 긍정적 사고전환 → 해결방안 → IFR 순서로 글을 써 본다면?

5. 아이디어 원리

1) 카드 36번

**36번
상태변화
(전이)**

상태나 주변의 상황을 활용하여 전이시킨다.

껌을 씹다 잠이 들어서
머리에 껌이 붙었어요. ㅠㅠ
제 머리에 붙은 껌 좀
떼어 주세요...

Q&A

- 이열치열(以熱治熱)의 방법을 사용해 보면 어떨까요?
- 다른 사람의 심리를 이용해 보면 어떨까요?
- 분위기를 변화시킬 수 있는 방법에는 무엇이 있을까요?

• 상태변화를 활용한 사례를 찾아 아래에 그려 보세요.

2) 카드 37번

**37번
관계변화**

서로에게 좋거나 나쁘게 변화시킨다.

 말썽쟁이 내 동생! 이 녀석이 잘 하는 것은 무엇이 있을까? 맞아, 레고 놀이를 좋아하잖아. 레고를 갖다 줄까?

 Q&A

- 칭찬을 해 볼까요?
- 잘하는 부분을 더 열심히 할 수 있도록 계획을 세워 보면 어떨까요?
- 상대방이 관심 있는 것을 매개로 관계를 친밀하게 만들어보면 어떨까요?

· 관계를 변화시키는 사례를 찾아 아래에 그려 보세요.

3) 카드 38번

38번
활성화
(활발하게)

인물이나 요소를 지원하여 도움이 되게 한다.

> 조금 있으면 체육대회가 열리는데 우리 반은 운동을 잘하는 친구들이 없어서 다들 기가 죽었어요. 어떡하면 좋지요?

Q&A
- 분위기를 띄울 수 있는 것에는 무엇이 있을까요?
- 선의의 경쟁을 할 수 있는 방법을 생각해 보면 어떨까요?
- 롤 모델을 선정해 보면 어떨까요?

· **활성화** 하는 사례를 찾아 아래에 그려 보세요.

4) 카드 39번

39번
비활성화
(멈추게)

중립 혹은 휴식할 수 있게 멈추게 한다.

우리 반은 너무 시끄러워요. 조용하게 할 수 있는 방법 좀 알려주세요.

- 무서운 것을 투입해 본다면?
- 활발하게 만드는 것의 반대 성질을 이용해 본다면?
- 감추어 본다면?

· **비활성화 되게 하는** 사례를 찾아 아래에 그려 보세요.

5) 카드 40번

40번
융합화
(모아서 새롭게)

다양한 인적, 물적 자원을 섞어 재생산한다.

내 동생은 야채를 먹지 않아요. 건강에 좋은 야채를 먹게 할 방법이 없을까요?

Q&A
- 다양한 재료를 모아 새롭게 만들어 볼까요?
- 여러 유형의 성격을 가진 사람들을 모아 새로운 힘이 나게 조직해 볼까요?

· 융합화의 사례를 찾아 아래에 그려 보세요.

트리즈 독서토론
— 문학편 2

초판 1쇄 인쇄일 · 2015년 4월 13일
초판 1쇄 발행일 · 2015년 4월 17일

지은이 | 인선주
펴낸이 | 노정자
펴낸곳 | 도서출판 고요아침
편집장 | 이세훈
디자인 | 이혜지
편 집 | 이혜지 김상훈

출판등록 2002년 8월 1일 제 1-3094호
120-814 서울시 서대문구 중가로 29길 12-27 102호
전   화 | 02-302-3194~5
팩   스 | 02-302-3198
E-mail | goyoachim@hanmail.net
홈페이지 | www.goyoachim.com
인터넷몰 | www.dabook.net

*책 가격은 뒤표지에 표시되어 있습니다.
*이 책의 판권은 지은이와 고요아침에 있습니다.
 이 책 내용의 전부 또는 일부를 재사용하려면 반드시 양측의 서면 동의를 받아야
 합니다.

ISBN 978-89-6039-707-1 (64800)
ISBN 978-89-6039-685-2 (세트)

ⓒ 인선주 2015